D0908445

Oetinger

Gesamtausgabe der Bilderbücher

„Michel aus Lönneberga" (Den där Emil)
„Mehr von Michel aus Lönneberga" (När Emil skulle dra ut Linas tand)
„Der Tag, an dem Michel besonders nett sein wollte" (Emil med paltsmeten)
„Als Michel den Kopf in die Suppenschüssel steckte" (Emil och soppskålen)

© Verlag Friedrich Oetinger GmbH, Hamburg 2005
Alle Rechte für die deutschsprachige Ausgabe vorbehalten
© Astrid Lindgren 1972, 1975, 1966 und 1963/Saltkråkan AB (Text)
© Björn Berg 1972, 1975, 1995 und 1996 (Bild)
Deutsch von Senta Kapoun, Anna-Liese Kornitzky und Karl Kurt Peters
Printed 2012
ISBN 978-3-7891-6846-8

www.astrid-lindgren.de
www.oetinger.de

Astrid Lindgren

Das große Bilderbuch von Michel aus Lönneberga

Mit Bildern von
Björn Berg

Verlag Friedrich Oetinger · Hamburg

Michel
aus Lönneberga

Deutsch von Senta Kapoun

Michel war ein Lausejunge aus 'nem Dorf in Schweden,
nichts als dumme Streiche hatte er im Sinn.
Unter seinen Streichen litten Vater, Mutter, Ida,
auch die brave Lina und auch die Lehrerin.
Sing dudelda, sing dudeldei, der Michel war bekannt,
sing dudelda, sing dudeldei, bekannt im ganzen Land.
Sing dudelda, sing dudeldei, der Michel war bekannt,
sing dudelda, sing dudeldei, bekannt im ganzen Land.

Ja, dieser Michel aus Lönneberga, das war ein kleiner Lausejunge, nicht halb so artig wie du. Aber seine Mama hatte ihn trotzdem lieb.
„Michel ist ein netter kleiner Junge", sagte sie.
Michel wohnte auf dem Bauernhof Katthult in dem Dorf Lönneberga.

Das liegt in Småland und Småland ist ein Teil von Schweden. Dort wohnte er mit seiner Mama und seinem Papa und seiner kleinen Schwester Ida und dem Knecht Alfred und einer Magd, die Lina hieß, und einer kleinen alten Frau, die im Haus half. Und die hieß Krösa-Maja.

immer wieder. „So einen Bengel wie den hab ich
noch nie gesehn!" Sie konnte Michel nicht besonders
gut leiden. Aber Alfred hatte ihn sehr gern.

Zwei schöne Sachen hatte Michel: seine Büchse – das
war ein Holzgewehr, das Alfred ihm geschnitzt hatte –
und seine Mütze, die sein Papa ihm in der Stadt
gekauft hatte.
„Ich will meine Müsse und meine Büsse haben!", rief
Michel abends, wenn er schlafen gehen sollte.
„Müsse und Büsse" sagte er, weil man in Småland
so spricht. Und Michel war ja Småländer, wie du
schon weißt.

Es gab auch Pferde und Kühe in Katthult und
Schafe und Schweine und Hühner und eine Katze.
Aber was es am allermeisten gab, das war dieser
Michel.
„Ojemine, was für ein Kind!", sagte Lina immer und

Michel machte fast jeden Tag Unfug. Und davon will ich dir nun ein bisschen erzählen.

Einmal feierte man ein Fest in Katthult. Da wollte Michels Vater die Fahne hissen. Michel und Ida standen neben ihm und sahen zu. Aber dann musste Michels Papa für eine Weile weggehen, weil er einer Kuh beim Kalben helfen sollte.

Als nun Michel und Ida so allein da standen, kam Michel auf die Idee, Klein-Ida statt der Fahne an der Stange hochzuziehen. Ida war sofort einverstanden, denn es machte ja Spaß, so hoch hinaus in die Welt zu kommen.

„Ich seh ganz Lönneberga!", schrie Ida.

„Och, bloß Lönneberga", sagte Michel. „Willst du wieder runter?"

Nein, Ida wollte nicht wieder runter. Sie wollte ganz, ganz lange oben hängen bleiben.

„Oh, jetzt kommt unser Besuch!", schrie sie, denn sie sah die Pferdekutschen den Hügel nach Katthult heraufrollen. Aber noch jemand kam in diesem Augenblick, und das war ihr Papa. In Windeseile holte er Ida vom Fahnenmast herunter. Und dann packte er Michel und brachte ihn in den Tischler-schuppen, wo Michel immer sitzen und über seinen Unfug nachdenken musste.

„Aber sie wollte doch Lönneberga sehen", sagte Michel und weinte.

„Und deshalb musstest du sie gleich an der Fahnen-stange hochziehen!", sagte Michels Papa. Er war furchtbar böse auf Michel.

Michel saß dort in seinem Tischlerschuppen und dachte eine Weile nach. Aber nicht sehr lange.

Rate mal, was er dann tat? Er riss aus dem Tischlerschuppen aus!

Ich kann hier doch nicht mit leerem Magen hocken, während die anderen beim Festessen sitzen, dachte er. Also legte er ein Brett vom Fenster des Tischlerschuppens hinüber zum Fenster der Vorratskammer. Und dann kroch er darüber.

In der Vorratskammer bewahrte Michels Mama in einem großen Schrank ihre guten Würste auf, die bei dem Festmahl gegessen werden sollten.

Ich esse auch sehr gern Wurst, dachte Michel.

Später kam Lina, um die Würste zu holen. Aber sie fand keine einzige Wurst im Schrank.

Sie fand nur Michel. Er lag in einem Regal und schlief mit ein bisschen Wurstpelle um sich herum. Und so hatte er stundenlang geschlafen, während in Katthult alle geweint und nach ihm gesucht hatten. Fast alle Festmahlwürste hatte er aufgegessen. Nur ein ganz kleines Zipfelchen war noch übrig, als Lina kam.

„Ojemine, was für ein Kind", hat Lina vermutlich gesagt.

Eines Tages gab es in Katthult zum Mittagessen eine herrliche Fleischsuppe mit Gemüse. Michel schlürfte zwei Teller Suppe in sich hinein und dann steckte er den Kopf in die Suppenschüssel, um auch den letzten Rest noch aufzulecken.

Das aber hätte er nicht tun sollen, denn als er den Kopf wieder herausziehen wollte, ging es nicht.

„Au, ich stecke fest!", schrie Michel.

Ach, was gab das für eine Aufregung in Katthult! Alle zerrten und zogen an Michel, um ihn aus der Schüssel rauszubekommen, aber nein, es ging nicht. Da mussten seine Eltern mit ihm zum Doktor fahren. Rate mal, ob der Doktor verblüfft war, als eine Suppenschüssel zu ihm hereinmarschierte, in der ein kleiner Junge steckte!

„Guten Tag", sagte der Doktor. „Was suchst du denn da drin?"

Michel machte eine Verbeugung; er wollte ja höflich grüßen. Doch stell dir vor, da schlug er zufällig mit der Schüssel an den Schreibtisch vom Doktor.

Peng, machte es und da lag die Schüssel und war in zwei Teile zersprungen. Also brauchte der Doktor Michel gar nicht mehr aus der Schüssel herauszuhelfen. Die Katthulter fuhren wieder nach Hause und

Michels Papa klebte die Schüssel wieder zusammen und stellte sie auf den Tisch. Da freute sich Lina. „Jetzt können wir hier in Katthult wieder Fleischsuppe essen", sagte sie.

Aber als Michel und Ida abends allein in der Küche
waren, fragte Ida: „Michel, wie hast du den Kopf nur
in die Schüssel gekriegt?"
„Das war keine Kunst", sagte Michel. „Ich hab einfach
so gemacht!"
Und dann schrie er: „Au! Jetzt stecke ich *schon wieder*
fest!"
In diesem Augenblick kam seine Mama in die Küche

und da stand nun ihre Suppenschüssel genau wie
vorher – mit Michel darin. Da wurde sie ganz wild,
nahm den Schürhaken und schlug auf die Schüssel
ein, dass die Scherben flogen.
Peng, machte es und dann war Michel frei.
Aber die Suppenschüssel hat niemand wieder kleben
können.

An einem Sommertag mitten in der Kirschenzeit geschah in Katthult etwas Entsetzliches. Michel hatte ein eigenes kleines Schwein, das Knirpsschweinchen genannt wurde, und dieses Schwein folgte ihm auf den Fersen, genau wie ein Hund. Aber gerade an diesem Tag war Knirpsschweinchen ganz allein im Stall, als Michel mit einem Eimer vorbeikam. Knirpsschweinchen dachte, er bringe ihm Futter. Aber da dachte es falsch. Michel war auf dem Weg zum Misthaufen, denn der Eimer war voll vergorener Kirschen. Sie waren übrig geblieben, als Michels Mama Kirschwein angesetzt hatte.

„Michel, geh und vergrab diese Kirschen im Misthaufen", hatte Michels Mama gesagt. Von vergorenen Kirschen wird man betrunken und deshalb muss man sie vergraben. Aber das wusste Michel ja nicht. Er fand, ebenso gut könnte Knirpsschweinchen die Kirschen haben. Also schüttete er sie auf die Erde, damit sein Schwein davon essen konnte. Der Hahn kam auch und pickte so viel in sich hinein, wie er nur konnte.

Doch dann geschah das Entsetzliche! Knirpsschweinchen und der Hahn wurden ganz verrückt.
„Kikerikiki!", schrie der Hahn. „Kikerikiki!"
Dort drüben gingen seine Frauen, die Hennen, ganz
artig und pickten Würmer. Denen wollte er es jetzt
zeigen! Der Hahn kam angestürzt, er krähte und
schrie und jagte die armen Hühner vor sich her und
Knirpsschweinchen kam schrill grunzend hinter ihm
hergerannt. Arme Hühner! Sie standen Todesängste
aus und plötzlich fielen sie um, eins nach dem
anderen, und lagen wie tot im Gras.
Da wurde Michel auch ganz angst und bange.
Er begriff nicht, was in den Hahn und Knirpsschweinchen gefahren war.
Vielleicht stimmt etwas mit den Kirschen nicht,
dachte er. Deshalb hob er ein paar davon auf und
kostete sie. Und dann noch ein paar, denn die
Kirschen schmeckten gut, fand er.

Als in Katthult Abendbrotzeit war, saß kein Michel
bei den anderen am Küchentisch.
„Lina", sagte Michels Mama, „sieh mal nach, ob
Michel draußen bei Knirpsschweinchen ist."

Lina ging und nach einer Weile kam sie zurück.
„Was machst du nur für ein merkwürdiges Gesicht?",
fragte Michels Mama. „Ist etwas passiert?"
„Ich weiß nicht, wie ich es sagen soll", antwortete
Lina. „Aber die Hühner sind jedenfalls tot. Und der
Hahn ist besoffen. Und Knirpsschweinchen ist
besoffen. Und Michel … der ist auch besoffen."
Stell dir vor, wie entsetzlich! Das war ein Kummer
und ein Jammer in Katthult. Man kann es kaum
beschreiben.

Doch am nächsten Tag war Michel wieder nüchtern
und da ging er mit seiner Mama zum Guttemplerhaus
und gelobte, sich in seinem Leben nie wieder zu
betrinken. Und das tat er auch nicht, nie, nie wieder.
Knirpsschweinchen und der Hahn blieben von
diesem Tag an ebenfalls nüchtern.
Und die Hühner, die waren gar nicht tot. Sie waren
nur ein bisschen ohnmächtig geworden. Was für ein
Glück!

Eines Morgens wurde Lina auf ihrer
Küchenbank davon wach, dass ihr eine
große Maus übers Gesicht lief.

Lina schrie laut und alle kamen angelaufen um zu
sehen, weshalb sie so schrie.
„Mäuse in der Küche, das fehlte uns noch", sagte
Michels Papa. „Die werden uns alles Brot und allen
Speck auffressen."

„Ja, und mich", sagte Lina.
Die Maus werde ich fangen, dachte Michel.
Das war wohl ein guter Gedanke, aber leider wurde
aus Michels guten Gedanken selten etwas Gutes.

Michels Mama wachte auf, als sie hörte, wie Michels Papa in der Küche so laut losbrüllte, dass es in ganz Lönneberga zu hören war. Und als sie sah, dass keine Maus, sondern Michels Papa in der Falle steckte, zerrte sie Michel aus dem Bett und rannte mit ihm zum Tischlerschuppen, damit sein Papa sich ein wenig beruhigen konnte, ehe er Michel wieder sah.
Aber das war noch nicht alles.

An diesem Abend stellte er eine Mausefalle unter dem Küchentisch auf. Denn er dachte, die Maus würde dort bestimmt nach heruntergefallenen Brotkrümeln suchen und schnurstracks in die Falle gehen.
Nun lief aber Michels Papa frühmorgens gern barfuß im Haus herum und er trank seinen Morgenkaffee meistens am Küchentisch, lange ehe die anderen aufgewacht waren.
Da kam er nun also am nächsten Morgen, barfuß wie gewöhnlich, und steckte den großen Zeh genau in Michels Mausefalle.

„Guck mal, Papa, heute gibt's Blutklöße!", schrie er und hielt die Schüssel zum Fenster hinaus, damit sein Papa den Teig sehen und sich darüber so richtig freuen konnte. Aber denk nur, was da Schreckliches geschah: Michel konnte die Schüssel nicht mehr halten und der ganze Blutkloßteig klatschte seinem Papa aufs Gesicht!

Michels Papa sagte nur „Blupp", denn mehr kann man nicht sagen, wenn man das ganze Gesicht voll Teig hat, das brauchst du nur auszuprobieren!

Am selben Tag wollte Michels Mama „Palt" kochen – das sind schwarze Blutklöße mit kleinen Fleischstücken, wie man sie in Småland isst. Und als nun Michel endlich aus dem Tischlerschuppen kam, stand eine große Tonschüssel voll Blutkloßteig auf dem Küchentisch. Sein armer Papa hatte sich ins Gras vor dem Küchenfenster gelegt, weil sein Zeh noch immer wehtat. Und nun wollte Michel seinem Papa eine Freude machen.

Eines Tages kam die Frau Pastor zu Besuch.
Sie war eine sehr feine Dame mit großen,
wunderschönen Federn am Hut und sie
wollte sich von Michels Mama ein
Webmuster borgen. Sie nahm eine Lupe
aus ihrer Handtasche, um das Muster genau
betrachten zu können.

Und dann trank sie Kaffee, zu dem Michels Mama
sie einlud.

„Du kannst die Lupe gern ein Weilchen haben", sagte
die Frau Pastor zu Michel.

Das hätte sie nicht gesagt, wenn sie Michel ein klein wenig besser gekannt hätte.

Ich möchte wissen, ob man die Lupe auch als Brennglas verwenden kann, dachte Michel, als er sah, wie das Glas die Sonnenstrahlen zu einem einzigen glühenden Punkt zusammenzog. Das muss ich ausprobieren, dachte er.

Und Frau Pastors Federhut schien ihm am besten geeignet für seinen Versuch.

Auf einmal fing es um die Frau Pastor herum richtig an zu qualmen, und hätte Michels Mama das nicht gesehen und laut geschrien, wäre die Frau Pastor womöglich in Flammen aufgegangen.

„Aber das habe ich ja gar nicht gewollt", sagte Michel und war aufrichtig betrübt.

Nicht gewollt – nun, das wollen wir doch hoffen!

Aber trotzdem – ojemine, was für ein Kind!

Den Rest des Tages saß er im Tischlerschuppen.

Rechnen, lesen, schreiben
musste Michel in der Schule,
doch mit seinen Streichen
war noch lang nicht Schluss.
Seiner neuen Lehrerin,
die jung und auch sehr hübsch war,
gab der freche Michel ganz einfach einen Kuss.

Bald war Michel alt genug, um in die Schule zu gehen. „Der schmeißt sicher das Schulhaus um und zündet die Lehrerin an", sagte Lina. Sie konnte sich nicht vorstellen, dass es eine Schule gab, in der man einen Bengel wie Michel behalten wollte.

Aber da hatte Lina sich geirrt. Stell dir vor: Michel wurde Klassenbester! Und er machte in der Schule gar nicht so sehr viel Unfug.
Doch etwas tat er, worüber man in Lönneberga noch lange gelacht hat.

Das tat Michel auch, doch als er am Lehrerpult vorbeikam, beugte er sich vor und gab der Lehrerin einen ordentlichen Kuss mitten auf den Mund. Das hatte bisher noch kein Schüler getan. Und die Lehrerin bekam einen ganz roten Kopf.

Er stand eines Tages vorn an der Tafel und hatte eine wirklich schwere Rechenaufgabe ausgerechnet. Da sagte die Lehrerin: „Gut gemacht, Michel, du kannst wieder an deinen Platz gehen."

„Warum … warum hast du das getan, Michel?",
stammelte sie.
„Das tat ich wohl aus meiner Güte", sagte Michel.
Die Lehrerin hat Michel diesen Kuss kein bisschen
übel genommen, ganz im Gegenteil!
Aber einer von den großen Jungen zog Michel
hinterher in der Pause auf.
„Der küsst die Lehrerin", sagte er verächtlich.
„Na und?", sagte Michel. „Soll ich es noch einmal
tun?"
Aber das tat er nicht. Nur ein einziges Mal hat Michel
die Lehrerin geküsst, doch dafür ordentlich.

Eines Tages im Herbst fuhren alle aus Katthult zum Jahrmarkt nach Vimmerby. Gerade an diesem Tag feierte der Bürgermeister der Stadt Geburtstag und gab ein Festessen in seinem großen feinen Haus. Dazu waren die Katthulter natürlich nicht geladen. Stattdessen waren sie bei Frau Petrell zu Gast, die in dem Haus neben dem Bürgermeister wohnte und schon oft in Katthult eingeladen gewesen war. Deswegen musste sie die Katthulter auch einmal einladen.

Nun war es so, dass Michel es geschafft hatte, sich im Jahrmarktsgetümmel zu verlaufen, sodass er zu spät zum Mittagessen kam. Und als er Frau Petrells Haus endlich gefunden hatte und gerade hineingehen wollte, sah er im Bürgermeistergarten einen Jungen auf Stelzen laufen. Das war Gottfried, der kleine Sohn des Bürgermeisters.

„Du könntest mir einen Augenblick deine Stelzen borgen", sagte Michel, obwohl er noch nie auf Stelzen gelaufen war.

Währenddessen saßen seine Mama und sein Papa und Klein-Ida in Frau Petrells Veranda und ließen sich die Blaubeersuppe schmecken. Michels Mama aber machte sich große Sorgen, weil ihr kleiner Michel verschwunden war.

„Ach, er kommt bestimmt bald", sagte Frau Petrell. Und das tat er auch. Er kam mit einem Krachen durchs Fenster gesaust und landete kopfüber in der Blaubeersuppe, denn es ist schwer, auf Stelzen zu laufen.

Arme Frau Petrell! Sie schrie auf und dann fiel sie ohnmächtig zu Boden.

„Schnell in die Küche, holt kaltes Wasser!", schrie Michels Papa. Und Michels Mama rannte los und Michels Papa hinterher. Doch Michel war schneller. Er nahm die Schüssel mit der Blaubeersuppe und goss den Rest der Suppe über Frau Petrell aus, damit sie wieder aufwachte.

„Blupp!", sagte Frau Petrell und wachte auch tatsächlich auf.

Doch Michels Papa war furchtbar wütend auf Michel und deshalb ging Michel lieber ein bisschen hinaus, damit sich sein Papa wieder beruhigen konnte.

Michel machte noch mehr Unfug auf dem Jahrmarkt von Vimmerby, aber er hat auch eine pfiffige und gute Sache gemacht. Er hat sich ein eigenes Pferd angeschafft, ein hübsches braunes kleines, das Lukas hieß. Er hat es ganz umsonst bekommen, kann man sich so was vorstellen! Doch, denn Lukas war so kitzlig, dass niemand mit ihm fertig wurde, niemand außer Michel, der der tüchtigste Pferdejunge in ganz Lönneberga war.

„Das Pferdevieh mag nehmen, wer will, wenn ich es nur nicht mehr sehen muss!", schrie der dicke Pferdehändler, der Lukas auf dem Markt gekauft hatte ohne zu wissen, wie kitzlig Lukas war. Rate mal, ob Michel sich freute!

Bald wurde es für die Katthulter Zeit heimzufahren. Doch vorher wollte Michel dem Gottfried eine Freude machen und ihm sein Pferd zeigen. Aber Gottfried wurde nur böse, als Michel angeritten kam.

„Und da sagt mein Papa immer, dass ich noch zu klein bin für ein eigenes Pferd!", schrie er. „Und du hast ein Pferd, obwohl du nicht größer bist als ich."

Oh, wie gern wollte Gottfried seinem Papa zeigen, dass auch kleine Jungen ein Pferd haben können. Aber der Bürgermeister saß ja in seinem Speisesaal und gab ein Festessen.

„Ich kann es schon einrichten, dass dein Papa Lukas zu sehen bekommt", sagte Michel. Und dann ritt er schnurstracks in den großen Festsaal, wo das Festessen im Gange war.

„Was sagst du jetzt?", schrie Gottfried seinem Papa zu. „Da siehst du, dass es kleine Jungen gibt, die ein Pferd haben!"

Alle Gäste mussten sehr lachen – ja, alle lachten, nur der Bürgermeister nicht. Er wollte kein Pferd bei seinem Festessen haben, er wollte in Ruhe seine Geburtstagstorte essen. Es war eine herrliche Sahnetorte, die auf einem Tischchen stand. Lukas schlug aus und warf den Tisch um, sodass die Torte quer durch den Saal und dem Bürgermeister mitten ins Gesicht flog.

Jetzt werde ich wohl lieber heim nach Katthult reiten, dachte Michel und trabte rasch zur Tür hinaus.

Eines Sonntags im November wurde in Katthult wieder einmal ein Fest gefeiert. Doch, es wurden viele Feste gefeiert, damals, als Michel klein war, denn man kannte noch nicht allzu viele andere Vergnügungen zu der Zeit.

„Wenn wir Gäste haben, macht Michel zum Glück keinen Unfug", sagte Michels Mama zufrieden. Und das glaubte sie wirklich. Das Fest dauerte den ganzen Tag und Michel machte keinen Unfug. Aber als es dunkel zu werden begann, sagte seine Mama: „Michel, geh und sperr die Hühner ein!" Sie wollte, dass er die Tür zum Hühnerstall zumachte, damit der Fuchs nicht hineingelangen und ein Huhn holen konnte. Michel machte sich folgsam auf den

Weg. Er scheuchte die Hühner in den Hühnerstall und schob den Riegel vor die Tür. Dann ging er in den Schweinestall, um sein Schweinchen zu besuchen. „Heute Abend kriegst du ein Festessen. Ich werde alles zusammenkratzen, was auf den Tellern übrig bleibt", sagte er zu Knirpsschweinchen. Dann ging er und schob auch an der Schweinestalltür den Riegel vor. Hinter dem Schweinestall lag die Trissebude, so nannten sie in Katthult das Klo. Michel hatte nun die Hühnerstalltür und die Schweinestalltür verriegelt, und da er nun einmal beim Verriegeln war, überlegte er nicht lange und verriegelte auch die Trissebudentür. Und das hätte er nicht tun sollen. Denn dort drinnen saß sein Papa.

Aber Michel hüpfte rasch davon und sang zufrieden: „Jetzt hab ich verriegelt, jetzt hab ich verriegelt, alles hab ich verriegelt!"

Armer Papa! Nun war er in der Trissebude eingesperrt und konnte nicht heraus! Er trat und hämmerte gegen die Tür, aber das half kein bisschen.

Oh, wie wurde er wütend! Und ein Fenster gab es in der Trissebude auch nicht, nur eine kleine Luke über der Tür.

„Ich will raus hier!", schrie Michels Papa schließlich. Und dann kletterte er hinauf und versuchte durch die Luke ins Freie zu kriechen.

„Wenn man so richtig wütend ist, dann schafft man's schon", sagte er. Doch in diesem Augenblick blieb er stecken und hing nun da oben und konnte weder vor noch zurück. Lange, lange hing er da oben im Regen. Denn inzwischen hatte es auch noch angefangen zu regnen. Und das Regenwasser lief Michels Papa in den Nacken, was ihn nicht gerade fröhlicher machte. Schließlich aber kam Michel, der Knirpsschweinchen ein Festessen bringen wollte. Da erblickte er seinen Papa, oje, oje, oje, schlimm kann's manchmal kommen.

zum Tischlerschuppen ab. Schnell, schnell rannte er zur Tür hinein und schnell, schnell legte er innen den Riegel vor, nur einen Augenblick, bevor sein Papa auch dort ankam. Da hatte Michel aber Glück gehabt!
„Aufmachen!", schrie Michels Papa.

„Hol sofort Alfred!", fauchte Michels Papa, und das tat Michel. Alfred brachte seine große Säge mit und sägte Michels Papa heraus. Und während Alfred sägte, stand Michel auf einer Leiter und hielt einen Regenschirm über seinen Papa, damit er keinen Regen abbekam. Aber Michels Papa war nicht die Spur dankbar dafür. Er war überzeugt, dass er sich trotzdem erkälten werde.
„Nein, erkälten wirst du dich sicher nicht", sagte Michel. „Die Hauptsache ist, man hat trockene Füße."
Nun, sein Papa hatte zwar trockene Füße behalten, aber er war trotzdem fuchsteufelswild. Als Alfred mit dem Sägen fertig war und Michels Papa mit einem Plumps auf die Erde fiel, schmiss Michel sofort den Regenschirm weg und setzte sich in vollem Galopp

Aber das tat Michel nicht. Da schob sein Papa den äußeren Riegel vor und ging zur Festtafel zurück.

Michel kam zur Strafe immer
draußen in den Schuppen.
Da er oft was anstellt', war er dort oft allein.
In dem Schuppen schnitzte er
aus Holz dann viele Puppen,
mehr als hundert Stück müssen's
jetzt bestimmt schon sein.

Ja, dieser Michel!
Wie oft hat er nicht im Tischlerschuppen gesessen!
Aber er brauchte nie so besonders lange dort zu
bleiben.
„Nur bis du ordentlich über deinen Unfug nach-

gedacht hast", sagte Papa immer. „Damit du es nicht
noch einmal tust."
Und Michel war wirklich folgsam. Er machte nämlich
nie denselben Unfug zweimal, sondern dachte sich
immer etwas Neues aus.

Jedes Mal, wenn er im Tischlerschuppen saß, schnitzte er ein lustiges Holzmännchen, das er ins Regal stellte.

Es wurden mehr und mehr im Regal und schließlich hatte er 369 Stück. Das ist nicht schlecht, nicht wahr?

„Ojemine, was für ein Kind", sagte Lina jedes Mal, wenn sie die Holzmännchen sah.
Aber später ist aus Michel doch noch ein guter Kerl geworden. Da sieht man, dass auch aus den schlimmsten Kindern im Laufe der Zeit noch etwas Rechtes werden kann. Ist das nicht ein schöner Gedanke?

Mehr von Michel aus Lönneberga

Deutsch von
Anna-Liese Kornitzky

Auf dem Hof Katthult im Dorf Lönneberga wohnten:

Michel
ein Junge,
der Unfug machte

Klein-Ida
Michels Schwester

Alma Svensson
Michels Mama

Anton Svensson
Michels Papa

Alfred
der Knecht

Lina
die Magd

und *Krösa-Maja*
Aber sie kam nur
dann nach Katthult,
wenn man sie brauchte,
sonst wohnte sie
in einem Häuschen
im Wald.

Außerdem gab es auf Katthult:

Kühe

Pferde, von denen eines
Lukas hieß und Michel gehörte

Schweine

Schafe

und eine Katze

Hühner

Lina, die Magd auf Katthult, bekam eines Samstagabends Zahnschmerzen. Kann man sich was so Schreckliches vorstellen!
Alle von Katthult saßen am Küchentisch beim Abendbrot, Michel und Michels Papa und Michels Mama und Michels Schwester Klein-Ida und Alfred,

der Knecht. Ja, und dann noch Lina, die Zahnschmerzen hatte!
„Tut es sehr weh?", fragte Klein-Ida, denn sie war ein liebes Kind.
„Ja, es tut weh, dass ich glaub, mir platzt der Kopf", antwortete Lina.

an allen, den er schon gemacht hatte, und an allen, den er noch nicht gemacht hatte, aber machen wollte, sobald er Zeit hatte. Mit Michel war das nämlich so, dass er jeden Tag Unfug machte.

„So einen Bengel wie den hab ich noch nie gesehn", sagte Lina immer. Gerade jetzt sagte sie allerdings nichts. Sie wimmerte über ihren bösen Zahn, der nur schmerzte und schmerzte.

Schließlich nahm sie eine heiße Kartoffel und stopfte sie in den Mund. Da tat der Zahn noch siebenmal mehr weh, genau wie Lina es erwartet hatte. Aber das geschah ihm nur recht, fand sie.

„Da hast du's!", sagte sie zu ihrem Zahn. „Wenn du so dumm bist, kann ich ja auch dumm sein."

Ja, das war ein trauriger Samstagabend auf Katthult.

„Ich weiß, was du machen kannst", sagte Alfred und holte seine Kautabaksdose hervor. „Stopf dir den Zahn voll Priem, das hilft!"

Und das tat Lina. Doch dann stürzte sie zum Abfalleimer und spuckte alles wieder aus.

„Ih, pfui Deibel!", rief sie. „Nee, dann hab ich schon lieber Zahnschmerzen!"

Denn so abscheulich schmeckte der Priem.

„Arme Lina", sagte Michels Mama.

„Ja, arme Lina", sagte Michels Papa.

Michel sagte nichts, weil er gerade an Unfug dachte,

Und für Lina wurde es eine schlimme Nacht. Sie lag auf ihrer Küchenbank und konnte nicht schlafen wegen der schrecklichen Schmerzen. Und schon um fünf am nächsten Morgen musste sie raus und die Katthultkühe melken. Das musste sie immer tun, egal ob es Sonntag oder Werktag war.

Als Lina sich im Spiegel an der Küchenwand sah,
schrie sie auf, denn du meine Güte, wie sah sie aus!
Die rechte Backe war geschwollen wie ein großer,
dicker Hefekloß, ach, es war zu entsetzlich!
Lina fing an zu weinen.
„Ich seh ja richtig blöd aus", sagte sie zu
sich selber.
Und weh tat es obendrein.

Aber auf die Weide musste sie trotzdem, denn die Kühe wollten gemolken werden, auch wenn Lina Zahnschmerzen hatte. Sie hockte auf dem Melkschemel und weinte in einem fort. Und gerade heute gab es auf Katthult Kirchen-Kaffee und so was mochte Lina für ihr Leben gern.

„Aber ich kann mich ja nicht blicken lassen, wenn meine Backen nicht auf beiden Seiten gleich sind", sagte sie und weinte noch mehr.

Und während sie noch da saß, kam eine Wespe
geflogen und stach sie in die linke Backe und da
schwoll die genauso dick an wie die rechte.
Jetzt hatte Lina zwar zwei gleiche Backen, aber sie
weinte noch mehr als vorher, die arme Lina.

Als sie in die Küche kam und dort mit ihren dicken Backen und rot geweinten Augen auf der Schwelle stand, prallten alle zurück, denn etwas so Furchtbares und Plustriges hatte bisher noch keiner gesehen.

Michel saß mit den andern am Tisch beim Frühstück. Er wollte gerade einen Schluck Milch trinken, aber als er Lina sah, prustete er los, dass die Milch nur so spritzte und auf der feinen Sonntagsweste von seinem Papa landete.

„Michel, da gibt es nichts zu lachen", sagte Michels Mama streng. Denn ihr tat Lina leid. Und Michel ging es wohl nicht anders. Aber dieser Junge lachte eben bei jeder Gelegenheit, auch dann, wenn man eigentlich nicht lachen durfte.

„Arme Lina", sagte Michels Mama, „du siehst ja nicht gescheit aus. So kannst du dich nicht blicken lassen. Michel, lauf zu Krösa-Maja und bitte sie, uns beim Kirchen-Kaffee zu helfen."

Jetzt wollten Michels Mama und Papa zur Kirche, denn dorthin fuhren sie sonntags immer. Alfred spannte an und dann kutschierten sie mit Pferd und Wagen davon.

Und Michel lief gehorsam zu Krösa-Maja.

Als er wieder nach Hause kam, saß Lina auf der Küchentreppe und weinte noch immer, denn der Zahn schmerzte und schmerzte nur. Alfred und Klein-Ida standen neben ihr und wussten sich keinen Rat.

„Es hilft nichts, du wirst wohl doch zu Zahn-Pelle gehen müssen", sagte Alfred.

Zahn-Pelle, das war der Schmied. Er zog den Leuten mit seiner großen grausigen Zange die Zähne, wenn sie wehtaten.

„Wie viel nimmt er denn für Zahnziehen?", fragte Lina.

„Fünfzig Öre die Stunde", sagte Alfred.

Doch da sagte Michel: „Ich glaub, ich krieg den Zahn billiger und schneller raus. Ich kenne den Kniff."

Und so hatte er sich die Sache gedacht:

„Dazu brauch ich zwei Sachen: Lukas und einen langen Zwirnsfaden. Den Zwirnsfaden wickle ich dir um den Zahn und dann binde ich mir das andere Ende da hinten an den Gürtel. Dann galoppiere ich mit Lukas los und plupp fliegt der Zahn raus."

„Plupp, nee, besten Dank", sagte Lina. „Mit mir wird nicht galoppiert."

Aber der Zahn schmerzte und schmerzte nur und schließlich sagte sie mit einem Seufzer:

„Wir versuchen es wohl doch mal!"

Und Michel führte Lukas bis an die Küchentreppe, und als der Zwirnsfaden an Ort und Stelle saß, stieg er aufs Pferd. Und hinter dem Pferd stand, fest-gebunden am Zwirnsfaden, die arme Lina. Kein Wunder, dass sie Angst hatte!

„Jetzt warten wir nur noch auf das Plupp!", sagte Alfred.

Und da galoppierte Michel los.
„Auwei, jetzt kommt's!", rief Klein-Ida.
Aber es kam kein Plupp, denn wer gleichfalls losgaloppierte, das war Lina. Sie hatte so große Angst vor diesem Plupp, dass sie genauso schnell lief wie Lukas. Michel brüllte ihr zu, sie sollte stehen bleiben, doch sie lief und lief und da hing der Faden ja so schlaff, dass aus dem Plupp nichts werden konnte.

Das ist doch komisch, dachte Michel.
Aber der Zahn muss raus! Darum preschte er auf
einen Zaun zu und mit einem Sprung setzte Lukas
hinüber. Doch hinterher kam Lina, halb von Sinnen
vor Angst, und tatsächlich setzte auch sie über den
Zaun hinweg. Denn von einem Plupp wollte sie jetzt
nichts mehr wissen.

Aber danach schämte sie sich, dass sie alles verpatzt hatte. Nun hockte sie ja wieder da mit ihrem Zahn, der nur schmerzte und schmerzte.

„Ich muss mir was Neues ausdenken", sagte Michel.

„Ja, etwas, das nicht so schnell geht", sagte Lina.

„Der Zahn braucht ja nicht mit einem Plupp rauszufliegen. Angele ihn doch irgendwie raus."

Und da hatte Michel einen guten Einfall. Lina musste sich auf die Erde vor den großen Birnbaum setzen und daran band Michel sie mit einem Strick fest.

„Jetzt ist Schluss mit dem Gerenne", sagte er.

Er nahm den Zwirnsfaden, der Lina noch immer aus dem Mund hing, und zog ihn bis zum Schleifstein, auf dem sein Papa immer Äxte und Sensen schliff. Der Schleifstein hatte eine Kurbel und an diese Kurbel knotete Michel den Zwirnsfaden. Jawohl, denn er wollte Lina den Zahn rauskurbeln.

„Jetzt gibt's kein schnelles Plupp, jetzt macht es nur drrr", sagte er.

Klein-Ida kriegte eine Gänsehaut. Sie war froh, dass sie keinen Zahn hatte, der rausgekurbelt werden musste, sodass es drrr machte.

Nun begann Michel die Kurbel zu drehen. Und je straffer sich der Zwirnsfaden spannte, desto ängstlicher wurde Lina. Sie hatte genauso große Angst vor einem Drrr wie vor einem Plupp. Aber laufen kann sie zum Glück nicht mehr, dachte Michel.

„Jetzt kommt gleich das Drrr", rief Klein-Ida.
Doch da schrie Lina plötzlich:
„Halt! Ich will nicht!"
Und schwups! holte sie aus ihrer Schürzentasche eine kleine Schere und schnitt den Zwirnsfaden durch.

Hinterher schämte sie sich wieder und war traurig, denn sie wollte den Zahn ja loswerden.

Aber Michel sagte:

„Hock du da ruhig mit deinem alten Zahn! Ich hab jetzt getan, was ich konnte."

Da weinte Lina und bat Michel, es doch noch einmal zu versuchen, sie würde auch keine Dummheiten mehr machen.

Und lieb, wie Michel war, versprach er, es noch ein letztes Mal zu versuchen. Auch Alfred und Klein-Ida fanden das sehr gut.

„Aber ich glaube, die schnelle Art ist wohl doch die beste", sagte Michel. „Es muss nur so sein, dass du es nicht verpatzen kannst."

Und bald darauf hatte sich Michel einen neuen Plan ausgedacht.

„Wir stellen dich aufs Stalldach und von da springst du auf den Heuhaufen runter. Und schon auf halbem Weg fliegt der Zahn raus – plupp!"

„So was unnatürlich Grausliches kannst nur du dir ausdenken, Michel", sagte Lina.

Weil der Zahn aber nur immer weiterschmerzte, kletterte sie doch hinter Michel her aufs Stalldach und dort nagelte Michel den Zwirnsfaden mit einem großen Nagel am Dachfirst fest.

„Jetzt spring!", sagte er dann.
Unten standen Alfred und Klein-Ida und warteten
darauf, Lina herabsausen zu sehen. Aber Klein-Ida
hielt sich die Augen zu, denn hinzugucken, das wagte
sie nicht.
Und Lina wagte übrigens nicht zu springen.

„Ich trau mich nicht", jammerte sie. „Das ist allemal
sicher, ich trau mich einfach nicht."
„Dich bring ich schon in Trab", sagte Michel, lieb, wie
er war. Er gab Lina mit dem Zeigefinger einen kleinen
Schubs in den Rücken. Mit einem Schrei sauste sie
runter vom Dach.

Doch das einzige Plupp, das man hörte, war, als der Nagel rausflog. Der Zahn flog nicht raus. Den hatte Lina noch im Mund, als sie auf dem Heuhaufen saß. Und jetzt war sie böse auf Michel.

„Unfug treiben, das kannst du", sagte sie, „aber zum Zähneziehen taugst du nichts!"

Es war gut, dass Lina böse war, denn jetzt ging sie geradewegs zu Pelle und der zog ihr den Zahn mit seiner großen schrecklichen Zange. Plupp machte es.

Und Lina nahm den Zahn und warf ihn auf Pelles Misthaufen und dann ging sie froh und zufrieden zurück nach Katthult und hatte keine Zahnschmerzen mehr.

Wenn Michel auch keine Zähne ziehen konnte,
so konnte er sich doch lustige Spiele ausdenken.
Und weil er nicht mehr Zahnarzt sein durfte, kam er
darauf, mit Klein-Ida Onkel Doktor zu spielen.
Klein-Ida musste sich ins Bett legen und Michel
guckte ihr in den Hals und horchte ihr die Brust ab,
genau wie der Doktor es immer tat.
„Was für eine Krankheit hab ich denn?", fragte
Klein-Ida.

„Du hast Tüfis", erklärte Michel. „Das ist eine
fürchterliche Krankheit."
Krösa-Maja hatte ihm erzählt, wie fürchterlich so ein
Tüfis war, und ansteckend war er übrigens auch. Und
wenn man diese Krankheit hatte, wurde man ganz
blau im Gesicht, hatte sie gesagt. Deshalb nahm
Michel Tinte aus Mamas Tintenfass und malte Ida an.
Schließlich musste sie ja auch die richtige Krankheits-
farbe haben.
„Jetzt kannst du mal sehen, was Tüfis ist", sagte er.
„Aber kneif die Augen fest zu, damit keine Tinte
reinkommt."

Gerade da kam Krösa-Maja angelaufen, um bei der Kaffeegesellschaft zu helfen, und als sie Klein-Ida so schaurig blau sah, fuhr ihr der Schreck in die Glieder.

„Oh, du grundgütiger Himmel!", schrie Krösa-Maja.

„Sie hat Tüfis", sagte Michel mit einem kleinen Grinsen.

Bald darauf kamen Michels Papa und Mama vom Kirchgang nach Hause und mit ihnen alle Gäste, der Pastor an der Spitze.

Da stand Krösa-Maja auf der Treppe und schrie aus
Leibeskräften: „Fahrt von hinnen! Fahrt von hinnen!
Wir haben Tüfis aufm Hof!"

Michels Mama aber fragte: „Was redest du da!
Wer soll hier Typhus haben?"
Da schaute hinter Krösa-Majas Rock Klein-Idas
blaues Gesicht hervor.
„Ich!", rief Klein-Ida und lachte laut.
Und alle fingen an zu lachen. Alle außer Michels Papa.
Er rief: „Wo steckt Michel?"
Denn ihm war sofort klar, dass das nur ein neuer
Unfug von Michel sein konnte.

Aber Michel hatte sich in der Holzkiste versteckt und wollte gerade jetzt lieber nicht mit seinem Papa reden.

Der Tag, an dem Michel besonders nett sein wollte

Deutsch von
Karl Kurt Peters

In der Katthult-Küche stand eine blau angemalte, aufklappbare Küchenbank und darin schlief Lina. Zu der Zeit, als all dies geschah, war ganz Småland voller solcher Schlafbänke mit Mägden darin, die dort auf ausgebeulten Matratzen schliefen, von Fliegen umsummt, warum sollte es auf Katthult also anders sein? Lina schlief gut in ihrer Küchenbank und vor halb fünf Uhr am Morgen, wenn der Wecker schrillte und sie aufstehen und melken musste, konnte nichts sie lebendig machen.

Sobald Lina hinausgegangen war, kam Michels Papa in die Küche geschlichen, um dort in Ruhe und Frieden seinen Morgenkaffee zu trinken, bevor Michel aufwachte. Er fand es herrlich, dort ganz allein an dem großen Klapptisch zu sitzen, nirgendwo einen Michel zu sehen, nur von draußen das Gezwitscher der Vögel und das Gegacker der Hühner zu hören, den Kaffee zu schlürfen, ein wenig mit dem Stuhl zu wippen, die sauberen Dielenbretter unter den Füßen zu spüren, die Lina so geschrubbt hatte, dass sie schneeweiß waren. Nein, es waren die *Dielenbretter*, die sie geschrubbt hatte, das verstehst du ja wohl, und nicht die Füße von Michels Papa, wenn die es vielleicht auch ebenso nötig gehabt hätten – wer weiß.

Morgens lief Michels Papa immer barfuß herum, aber nicht nur, weil er es schön fand.

„Auch am Schuhwerk kann man ein bisschen sparen", sagte er zu Michels Mama, die widerspenstig war und auf keinen Fall barfuß gehen wollte. „So wie du deine Schuhe abnutzt, müssen wir ja wirklich, aber wirklich, alle zehn Jahre neue für dich kaufen."

„Ja, genau das", antwortete Michels Mama und dann wurde nicht mehr darüber gesprochen.

Vorhin habe ich schon erzählt, dass Lina nicht ohne den schrillenden Wecker wach zu bekommen war; aber an einem Morgen wurde sie jedenfalls durch etwas anderes geweckt. Es war am 27. Juli, gerade an dem Tag, als Michel Fieber hatte. Kann man sich so was Schreckliches vorstellen – schon um vier Uhr morgens wachte Lina auf, weil ihr eine große Maus genau über das Gesicht lief. Sie fuhr mit einem Aufschrei hoch und kriegte ein Holzscheit zu fassen, aber die Maus war schon in einem Loch neben der Holzkiste verschwunden.

Michels Papa war außer sich, als er von der Maus hörte.

„Das ist ja eine schöne Geschichte", sagte er. „Mäuse in der Küche! Die können uns das Brot und das Fleisch auffressen."

„Und *mich*", sagte Lina.

„Ja, und dann unser Fleisch und unser Brot", sagte Michels Papa. „Wir müssen die Katze diese Nacht in der Küche lassen!"

Michel hörte das von der Maus, und obwohl er Fieber hatte, überlegte er sich gleich, wie er sie fangen könnte, falls es mit der Katze nicht so ganz klappen sollte. Um zehn Uhr am Abend des 27. Juli war Michel absolut fieberfrei und voller Tatendrang. Um diese Zeit schliefen all die anderen auf Katthult, Michels Papa, Michels Mama und Klein-Ida in der Kammer neben

der Küche, Lina in ihrem Küchenbett und Alfred in seiner Knechtshütte neben dem Tischlerschuppen. Schweine und Hühner schliefen im Schweine- und im Hühnerstall, Kühe und Pferde und Schafe schliefen draußen auf den grünen Wiesen – aber in der Küche saß die Katze hellwach und hatte Sehnsucht nach der Scheune, denn dort gab es mehr Mäuse.

Hellwach war auch Michel. Und aus seinem Bett in der Kammer kam er leise in die Küche geschlichen.

„Armes Schnurrchen", sagte er, als er die Katzenaugen hinten an der Küchentür leuchten sah, „hier sitzt du nun."

„Miau", antwortete Schnurrchen. Und tierfreundlich, wie er war, der kleine Michel, ließ er Schnurrchen hinaus.

Die Maus musste natürlich gefangen werden, das war Michel klar, und weil die Katze jetzt nicht mehr da war, musste es auf irgendeine andere Weise geschehen. Deshalb nahm Michel eine Mausefalle und stellte sie mit einem kleinen Stück Speck neben der Holzkiste auf. Dann aber dachte er nach. Wenn die Maus die Falle sah, sobald sie ihre Nase aus dem Loch steckte, würde sie misstrauisch werden und sich überhaupt nicht mehr fangen lassen. Es wäre besser, dachte Michel, wenn die Maus erst einmal in aller Ruhe in der Küche herumstrolchen könnte und dann ganz plötzlich die Falle dort finden würde, wo sie sie am wenigsten vermutete. Michel dachte auch kurz daran, die Falle auf Linas Gesicht zu stellen, weil die

Maus gerade dort gern herumlief. Aber er fürchtete, Lina könnte aufwachen und alles verpatzen. Nein, es musste woanders sein. Warum eigentlich nicht unter dem großen Klapptisch? Gerade dorthin müsste doch eine Maus laufen, um nach heruntergefallenen Brotkrumen zu suchen. Natürlich nicht gerade unter dem Platz von Michels Papa, da war es nur mager mit Brotkrümeln bestellt.

„Wie schrecklich", sagte Michel und blieb mitten in der Küche stehen. „Wenn die Maus nun mal ausgerechnet dorthin kommt und findet keine Brotkrümel und knabbert stattdessen an Papas großem Zeh!"

Das durfte nicht geschehen, dafür würde Michel sorgen.

Und deshalb stellte er die Mausefalle dorthin, wo sein Papa immer die Füße hinsetzte. Dann kroch er, sehr zufrieden mit sich, wieder ins Bett.

Erst am hellen Morgen wachte er auf und es war lautes Geschrei aus der Küche, das ihn geweckt hatte. Die freuen sich, dass die Maus gefangen ist, deshalb schreien sie so laut, dachte Michel, aber in dem Augenblick kam seine Mama hereingestürzt. Sie zerrte ihn aus dem Bett und zischte ihm ins Ohr:

„Schnell raus mit dir in den Tischlerschuppen, bevor Papa seinen großen Zeh aus der Mausefalle raus-bekommt! Schnell – sonst, glaub ich, hat deine letzte Stunde geschlagen."

Sie ergriff Michels Hand und rannte los mit ihm, so wie er war, im Hemd, denn zum Anziehen war keine Zeit.

„Aber meine Büsse und meine Müsse müssen jedenfalls mit!", schrie Michel. Er packte seine Mütze und
die Holzbüchse und rannte, dass sein Hemd nur so
flatterte, geradewegs zum Tischlerschuppen.
Dort musste er immer sitzen, wenn er Unfug gemacht
hatte. Michels Mama schob außen den Riegel vor die
Tür, damit Michel nicht herauskommen konnte, und
Michel schob innen den Riegel vor, damit sein Papa
nicht hereinkommen konnte – klug und vorsorglich
waren sie beide.
Michels Mama fand, es wäre das Beste, wenn Michel
seinem Papa ein paar Stunden lang nicht begegnen
würde. Das fand Michel auch, deshalb schob er ja den
Riegel sorgfältig zu, bevor er sich in aller Ruhe auf den
Hauklotz setzte und ein lustiges Holzmännchen
schnitzte.

Das machte er immer, wenn er nach einem Streich im Tischlerschuppen eingesperrt wurde, und er hatte schon siebenundneunzig Männchen zusammen-gekriegt. Sie standen sauber aufgereiht auf einem Regal und Michel freute sich, als er sie sah und wenn er daran dachte, dass er bald hundert haben würde.

Das sollte ein richtiges Jubiläum werden!

„An dem Tag werde ich ein Fest im Tischlerschuppen geben, aber ich will nur Alfred einladen", nahm er sich vor, als er da auf dem Hauklotz saß mit dem Schnitzmesser in der Faust. Von weitem hörte er das Gebrüll seines Vaters, es wurde aber langsam leiser. Stattdessen kamen plötzlich andere, viel gellendere Schreie und Michel fragte sich, was wohl mit seiner Mama los sei. Aber dann fiel ihm ein, dass heute die große Sau geschlachtet werden sollte. Sie war es, die so quiekte. Arme Sau, für sie ist der 28. Juli auch kein erfreulicher Tag! Nun ja, es gab mehrere, die es an diesem Tag nicht so gut hatten.

Um die Mittagszeit wurde Michel rausgelassen.
Als er in die Küche kam, lief ihm Ida freudestrahlend
entgegen.
„Heute gibt es Blutklöße zu Mittag", sagte sie.
Du weißt vielleicht nicht, was Blutklöße sind?
Das sind große schwarze Klöße mit fettem Schweine-
fleisch innen drin. Und wenn nun Schweineschlachten
in Katthult war, dann war es klar, dass Michels Mama

Blutklöße kochen würde. Sie hatte den Teig dafür in
einer großen Steingutschüssel angerührt und auf dem
Herd kochte schon das Wasser in einem gewaltigen
eisernen Topf. Bald würde es Blutklöße geben, dass es
eine Freude war.
„Ich werde achtzehn Stück essen", prahlte Ida. Dabei
war sie dünn wie ein Holzspan und kriegte, wenn es
hoch kam, einen halben Blutkloß runter.

„Das erlaubt dir Papa gar nicht", sagte Michel. „Wo ist er übrigens?"
„Er liegt draußen und ruht sich aus", sagte Ida. Michel guckte aus dem Küchenfenster. Und richtig, unten im Gras lag sein Papa, den großen Strohhut über dem Gesicht, und machte seine Mittagspause wie gewöhnlich. Normalerweise machte er sie natürlich nicht vor dem Mittagessen, sondern danach, aber heute war er wohl besonders müde – vielleicht wird man das, wenn man den Tag in einer Mausefalle beginnt.

Michel sah, dass sein Papa nur auf dem rechten Fuß einen Schuh trug. Zuerst hoffte Michel, es sei reine Sparsamkeit und sein Papa wollte nur einen Schuh zur Zeit abnutzen. Aber dann sah Michel den blutigen Lappen, den sein Papa um den linken großen Zeh hatte, und da begriff er: Seinem Papa tat der Zeh so weh, dass er keinen Schuh anziehen konnte. Michel schämte sich und bereute seinen dummen Unfug mit der Mausefalle. Nun wollte er seinen Papa wieder froh machen, und weil er wusste, dass sein Papa Blutklöße über alles liebte, nahm er die Steingutschüssel und hielt sie aus dem Fenster. „Guck mal", schrie er jubelnd, „heute Mittag gibt's Blutklöße!"

Sein Papa nahm den Strohhut vom Gesicht und sah mit düsterem Blick zu Michel hoch. Noch hatte er die Mausefalle nicht vergessen, das merkte man. Um alles wieder gutzumachen, strengte Michel sich noch mehr an.

„Guck mal, Papa, so viel Teig!", jauchzte er und hielt die Schüssel noch weiter hinaus. Aber – kann man sich so was Schreckliches vorstellen? – er konnte sie nicht mehr halten und die Steingutschüssel mit ihrem blutigen Inhalt fiel genau auf Michels Papa hinunter, wie er da lag, die Nase in der Luft.

„Blupp", sagte Michels Papa, denn mehr kann man

ganz Lönneberga zu hören war. Die Steingutschüssel saß wie ein Wikingerhelm auf seinem Kopf und der Teig rann an ihm herunter. Gerade da kam Krösa-Maja aus dem Waschhaus, wo sie Schweinedärme gespült hatte, und als sie Michels Papa erblickte, der aussah wie in Blut gebadet, quiekte sie schlimmer als die Sau und rannte mit der furchtbaren Neuigkeit davon.

nicht sagen, wenn man in Blutklößeteig eingemauert ist. Aber er erhob sich mühsam aus dem Gras und schließlich brachte er ein Gebrüll hervor, zuerst gedämpft vom Blutklößeteig, aber dann so, dass es über

„Jetzt ist es aus mit dem Katthult-Vater", schrie sie. „Michel, dieses Unglück, hat ihn geschlagen, dass das Blut strömt. Ach-ach-ach – wie fürchterlich!"

Als Michels Mama sah, was geschehen war, nahm sie Michel wieder bei der Hand und rannte im Eiltempo zum Tischlerschuppen mit ihm. Und während Michel, immer noch im Hemd, dort saß und sein neunundneunzigstes Holzmännchen schnitzte, hatte seine Mama alle Hände voll zu tun, seinen Papa wieder sauber zu machen.

„Du könntest es wohl so abkratzen, dass es wenigstens

noch drei oder vier Klöße werden", sagte Michels Papa. Aber Michels Mama schüttelte den Kopf.
„Was vergeudet ist, das ist vergeudet. Jetzt gibt es eben Kartoffelpuffer."

„Hihi, heute kriegen wir vor dem Abendbrot kein Mittagessen", sagte Klein-Ida. Aber dann schwieg sie, denn sie sah die Augen von ihrem Papa in dem Blutklößeteig, und die blickten finster.
Michels Mama ließ Lina Kartoffeln für die Puffer reiben. Du weißt vielleicht nicht, was Kartoffelpuffer sind? Das ist eine Art Pfannkuchen aus geriebenen Kartoffeln und sie schmecken viel besser, als es klingt, das kann ich dir versichern.
Lina hatte bald einen dicken, prächtigen, braungelben Teig in der Steingutschüssel, die sich Michels Papa vom Kopf genommen hatte. Er wollt ja nicht den ganzen Tag wie ein Wikinger herumlaufen. Sobald er einigermaßen gesäubert worden war, ging er hinaus aufs Feld, um mit der Roggenernte zu beginnen, während er darauf wartete, dass die Kartoffelpuffer fertig wurden. Und da ließ Michels Mama Michel aus dem Tischlerschuppen.

Michel hatte lange still gesessen. Nun spürte er, dass er sich bewegen musste.

„Wir spielen Kickse-kickse-hu", sagte er zur kleinen Ida und Ida lief sofort los. Kickse-kickse-hu war nämlich ein Laufspiel, das Michel sich ausgedacht hatte.

So spielte man es: Man lief, als ginge es ums nackte Leben, aus der Küche in den Flur und vom Flur in die Kammer, von der Kammer in die Küche und wieder von der Küche in den Flur, rundherum, rundherum, dass es nur so pfiff. Aber Michel und Ida liefen jeder in eine andere Richtung, und immer, wenn sie sich begegneten, stachen sie einander den Zeigefinger in den Bauch und schrien: „Kickse-kickse-hu!" Daher hatte das Spiel seinen Namen. Es war ein durch und durch lustiges Spiel, fanden beide, Michel und Ida.

Aber als Michel auf seiner achtundachtzigsten Runde in die Küche gerannt kam, traf er Lina. Sie hatte die Steingutschüssel in den Händen und war auf dem Weg zum Herd, um endlich die Kartoffelpuffer zu backen. Weil Michel ihr auch etwas Spaß gönnte, bohrte er ihr den Zeigefinger in den Bauch und rief: „Kickse-kickse-hu!" Das hätte er nicht tun sollen. Er wusste doch, wie kitzlig Lina war.

„Jiiiih!", machte Lina und krümmte sich wie ein Wurm. Und – kann man sich so etwas Schreckliches vorstellen? – die Schüssel flog ihr aus den Händen. Niemand weiß richtig, wie es geschah. Aber so viel steht jedenfalls fest, dass Michels Papa, der gerade, wild vor Hunger, zur Tür hereinkam, den ganzen Kartoffelpufferteig mitten ins Gesicht kriegte. „Blupp", sagte Michels Papa wieder, denn mehr kann

man nicht sagen, wenn man das Gesicht voll Kartoffelpufferteig hat. Michel und Ida machten später daraus so etwas wie eine Redensart.
„Blupp, sagte Papa im Kartoffelpufferteig", pflegten sie mit einem Kichern zu sagen – oder auch: „Blupp, sagte Vater im Blutklößeteig" – eins von beiden passte immer.

Jetzt aber hatte Michel keine Zeit zum Kichern, denn seine Mama nahm ihn wieder bei der Hand und rannte im Eiltempo zum Tischlerschuppen mit ihm. Hinter sich hörte Michel das Gebrüll von seinem Papa, zuerst noch vom Kartoffelpufferteig gedämpft, aber dann so, dass es über ganz Lönneberga zu hören war.

Als Michel auf dem Hauklotz saß und an seinem hundertsten Holzmännchen schnitzte, war er überhaupt nicht in Jubiläumsstimmung. Im Gegenteil, er war so wütend wie eine wild gewordene Ameise. Es war zu viel, dreimal am selben Tag im Tischlerschuppen sitzen zu müssen, fand er – und ungerecht war es außerdem.

„Kann ich was dafür, dass Papa überall im Weg ist", fauchte er. „Man kann auf diesem Hof ja nicht mal so viel wie eine Mausefalle aufstellen – schon kommt er und steckt seinen Zeh hinein. Und warum muss er seinen Kopf immer da haben, wo der Teig für Blutklöße und für Kartoffelpuffer am schlimmsten herumwirbelt!"

Nun möchte ich aber auf keinen Fall, dass du denkst, dass Michel seinen Papa nicht mochte und dass Michels Papa Michel nicht mochte. Normalerweise mochten sie sich, aber auch Leute, die das tun, können schon manchmal in Streit geraten, wenn es mit Mausefallen oder Blutklößeteig und Kartoffelpufferteig schief geht.

Dieser Samstag, der 28. Juli, ging seinem Ende zu. Michel saß im Tischlerschuppen und wurde immer wütender. So hatte er sich sein Hundert-Männer-Jubiläum nicht vorgestellt. Erstens war es ein Samstagabend und wie sollte er da Alfred zu seinem Fest im Tischlerschuppen einladen? Samstagabends hatte Alfred was anderes zu tun. Da saß er auf der Treppe der Knechtshütte und tat schön mit Lina und spielte ihr was auf seiner Ziehharmonika vor. Nein, Alfred hatte wahrhaftig keine Zeit für Festlichkeiten. Michel schleuderte sein Schnitzmesser weg. Nicht einmal Alfred hatte er, ganz allein war er und er wurde immer wütender, als er daran dachte, wie sich die Leute ihm gegenüber benahmen.

War das etwa eine Art, ihn hier den ganzen langen Samstag im Hemd herumsitzen zu lassen – nicht einmal Zeit, Kleider anzuziehen, hatte man bei diesem ewigen Gerenne zum Tischlerschuppen. Aber im Tischlerschuppen wollten sie ihn ja wohl haben, diese Menschen von Katthult, und dann sollten sie es auch so haben! Michel schlug mit der Faust auf die Hobelbank, dass es krachte. Gut, *dann sollten sie es auch so haben!* Und in diesem Augenblick fasste Michel einen schrecklichen Entschluss: Den Rest seines Lebens würde er in diesem Tischlerschuppen zubringen. Nur im dünnen Hemd, mit der Müsse auf dem Kopf, einsam, verlassen von allen, würde er, solange er auf dieser Erde lebte, hier bleiben. Dann werden sie wohl endlich zufrieden sein und dieses überflüssige Getrabe hin und her ist dann auch nicht mehr nötig, dachte er. Aber versucht nicht in meinen Tischlerschuppen hineinzukommen – daraus wird nichts! Wenn Papa Bretter hobeln will, soll er das lieber bleiben lassen und das ist übrigens auch besser, denn sonst hobelt er sich ja doch nur die Daumen ab. Ich kenne keinen Menschen, dem so viel passiert wie ihm.

Michel. Papa hat sich hingelegt. Du kannst jetzt herauskommen."

Aber da kam aus dem Tischlerschuppen ein schreckliches „Ha!"

„Warum sagst du ‚Ha'?", fragte seine Mama. „Mach die Tür auf und komm raus, kleiner Michel!"

„Ich komme nie mehr raus", sagte Michel mit dumpfer Stimme. „Und versuch nicht reinzukommen, denn dann schieß ich!"

Michels Mama sah ihren kleinen Jungen drinnen am Fenster stehen, die Büsse in der Hand. Zuerst wollte sie nicht glauben, dass er es ernst meinte, aber als sie schließlich begriff, dass es doch so war, rannte sie weinend ins Haus und weckte Michels Papa.

Aber als der Juliabend dämmerte, kam Michels Mama zum Tischlerschuppen und schob den Riegel zurück – den auf der Außenseite natürlich. Sie zog an der Tür und merkte, dass sie auch von innen verriegelt war. Da lächelte sie milde und sagte:

„Du brauchst keine Angst mehr zu haben, kleiner

„Michel sitzt im Tischlerschuppen und will nicht rauskommen", sagte sie. „Was sollen wir nur machen?"

Klein-Ida wachte auf und fing sofort an zu heulen. Und alle rannten zum Tischlerschuppen: Michels Papa, Michels Mama und Klein-Ida. Und Alfred und Lina, die auf der Treppe zur Knechtshütte saßen und schöntaten, mussten damit aufhören – sehr zu Linas Verdruss. Jetzt mussten eben alle helfen Michel herauszubekommen.

Michels Papa war zuerst ganz munter.
„Na, na! Du wirst schon rauskommen, wenn du Hunger hast!", rief er.
„Ha", sagte Michel wieder.
Sein Papa wusste nicht, was Michel hinter der Hobelbank in einer Dose hatte. Einen prächtigen kleinen Vorrat an Essen, tatsächlich. Pfiffig, wie er war, hatte er schon dafür gesorgt, dass er im Tischlerschuppen nicht hungers sterben konnte. Er wusste ja nie, an welchem Tag und zu welcher Stunde er hier landen würde, und deshalb hatte er immer etwas Essbares in seiner Dose. Gerade jetzt lagen darin Brot und Käse und einige Stücke kaltes Fleisch, außerdem getrocknete Kirschen und viel Zwieback. Krieger hatten ihre belagerten Festungen schon mit weniger Nahrung gehalten. Für Michel war der Tischlerschuppen jetzt eine belagerte Festung und er gedachte sie gegen alle seine Feinde zu verteidigen.
Mutig wie ein Feldherr stand er an der Fensterluke und zielte mit seiner Büsse.
„Den Ersten, der näher kommt, erschieße ich!", schrie er.

Und dabei blieb es. Michel blieb, wo er war. Und als alles nichts half, kein Drohen und kein Flehen, da mussten sie schließlich ins Bett gehen: Michels Papa, Michels Mama und die kleine Ida.
Das war ein trauriger Samstagabend. Michels Mama und Klein-Ida weinten, dass die Tränen spritzten.

„Oh, Michel, mein lieber kleiner Junge, sprich nicht so, komm raus", bat Michels Mama. Aber das half nichts. Michel war hart wie Stein. Es half nicht einmal, dass Alfred sagte:
„Hör mal, Michel, komm raus, dann gehen wir zum See und baden, du und ich!"
„Nein", schrie Michel bitter, „sitz du nur mit Lina auf deiner Treppe – von mir aus! Ich, ich bleib hier!"

Und Michels Papa seufzte tief auf, als er ins Bett kroch, denn ihm fehlte ja sein kleiner Junge, der sonst immer dort hinten in seinem kleinen Bett lag, das wollige Haar auf dem Kissen, die Büsse und die Müsse neben sich.

Nur Lina vermisste Michel nicht und sie wollte sich auch nicht hinlegen. Sie wollte mit Alfred auf der Treppe zur Knechtshütte sitzen und sie wollte dort in Ruhe sitzen. Deshalb war sie sehr zufrieden, Michel im Tischlerschuppen zu wissen.

„Aber wer weiß, wie lange dieser verflixte Bengel wirklich drinbleibt", brummte sie vor sich hin und dann ging sie in aller Stille zum Tischlerschuppen und schob den Riegel auf der Außenseite der Tür wieder vor.

vom Schlachtfeld heim …", sang Alfred. Michel hörte es. Er saß auf dem Hauklotz und seufzte tief. Aber Lina legte die Arme um Alfreds Hals und quengelte, wie sie es immer tat, und Alfred antwortete, wie er immer antwortete: „Klar kann ich dich heiraten, wenn du unbedingt willst, aber es eilt doch nicht."

„Im nächsten Jahr aber bestimmt", sagte Lina unerbittlich und Alfred seufzte noch tiefer als Michel und sang das Lied von der Löwenbraut. Michel hörte

Alfred spielte auf der Ziehharmonika und sang und bemerkte Linas Missetat nicht. „Die Husaren reiten

es auch und er dachte, wie lustig es doch wäre, mit
Alfred zum See zu gehen.
„Warum eigentlich nicht?", sagte er zu sich selbst. „Ich
könnte doch wirklich auf einen Sprung mit Alfred
baden gehen. Und danach kann ich ja wieder in meine
Tischlerbude kriechen – wenn ich das also will."
Michel stürzte zur Tür und schob den Riegel zurück.

Aber was half das, da doch die listige Lina den Riegel
an der Außenseite vorgeschoben hatte? Die Tür ging
nicht auf, obwohl Michel sich mit aller Kraft dagegen

warf. Da begriff er. Er wusste sofort, wer ihn
eingesperrt hatte.
„Aber der werd ich's zeigen", sagte er. „Die wird
schon sehen."

Er guckte sich im Schuppen um, in dem es nun ziemlich dunkel wurde. Einmal, als Michel seinen schlimmsten Unfug getrieben hatte, war er durchs Fenster ausgerissen. Aber danach hatte sein Papa von außen kreuz und quer Latten über das Fenster genagelt, nur damit Michel es nicht noch einmal tat und in die Brennnesseln fallen konnte, die unter dem Fenster wuchsen. Michels Papa war wirklich besorgt um seinen kleinen Jungen und wollte nicht, dass er sich an den Brennnesseln verbrannte.

„Durchs Fenster komme ich nicht raus", sagte Michel, „und durch die Tür auch nicht. Um Hilfe schreien will ich ums Leben nicht. Wie komme ich also raus?" Nachdenklich sah er zum offenen Kamin. Den gab es im Tischlerschuppen, damit es dort im Winter warm war und damit Michels Papa ein Feuer hatte, auf dem er, wenn es nötig war, den Kessel mit Leim aufwärmen konnte.

„Es geht nur durch den Schornstein", sagte Michel
und kletterte rasch über die Kaminumrandung mitten
hinein in die Asche, die noch von den Feuern des
letzten Winters liegen geblieben war und die sich nun
weich um seine nackten Füße schmiegte und zwischen
seine Zehen drang.
Michel guckte hinauf in den Schornstein und da
entdeckte er etwas Lustiges.

In dem Loch, genau über ihm, saß ein roter Julimond
und guckte auf ihn herab.

„Hallo, Mond", rief Michel, „jetzt sollst du mal einen
sehen, der klettern kann!"
Und er stemmte sich gegen die rußigen Schornstein-
wände und schob sich nach oben.
Wenn du jemals versucht hast, durch einen engen
Schornstein zu klettern, dann weißt du, wie schwer das
ist und wie schwarz man dabei wird. Aber glaub nur
nicht, dass Michel das aufhalten konnte.

Vor Gespenstern hatten die Menschen in Småland früher große Angst. Lina hatte auch Krösa-Majas schaurige Geschichten über all die Gespenster gehört, denen man begegnen konnte, und deshalb schrie sie so wild, als sie nun dort oben auf dem Schornstein eins sitzen sah, ganz schwarz im Gesicht und von oben bis unten zum Grausen.

Alfred sah sich das Gespenst auch an, aber er lachte nur.

„Das kleine Gespenst erkenne ich", sagte er. „Komm runter, Michel!"

Lina, die Ärmste, saß neben Alfred auf der Treppe, die Arme um seinen Hals geschlungen, und ahnte nichts. Aber Michel hatte ja gesagt, dass sie schon sehen sollte, und sie sah auch.

Plötzlich schaute sie auf, um den Mond anzusehen, und da stieß sie einen Schrei aus, der in ganz Lönneberga zu hören war. „Ein Gespenst!", schrie Lina. „Auf dem Schornstein sitzt ein Gespenst!"

Michel richtete sich in seinem rußigen Hemd auf und
stand nun auf dem Dach, kühn wie ein Heerführer.
Er hob seine schwarze Faust zum Himmel empor und
schrie, dass es über ganz Lönneberga zu hören war:
„Heute Abend wird der Tischlerschuppen abgerissen
und ich werde niemals mehr darin sitzen!"
Alfred ging zum Tischlerschuppen und breitete die
Arme aus.
„Spring, Michel", sagte er.
Und Michel sprang. Direkt in die Arme von Alfred.

Dann gingen sie beide zum See hinunter und badeten.
Michel hatte es nötig.
„So einen Bengel wie den hab ich noch nie gesehen!",
sagte Lina und ging wutschnaubend hinein und legte
sich ins Bett.

Aber im Katthult-See, zwischen weißen Seerosen, schwammen Michel und Alfred in dem kühlen Wasser herum und am Himmel hing der Julimond wie eine rote Laterne und leuchtete ihnen.

„Du und ich, Alfred", sagte Michel.

„Ja, du und ich, Michel", sagte Alfred. „So soll's sein!"

Quer über dem See lag eine breite, blanke Straße aus Mondlicht, aber rings ums Ufer stand die schwarze Finsternis. Denn jetzt war es Nacht und jetzt war der 28. Juli zu Ende.

Doch es kamen neue Tage mit neuem Unfug. Michels Mama schrieb in das blaue Schreibheft, bis sie einen Schreibkrampf bekam. Schließlich war das Heft von vorne bis hinten voll geschrieben.

„Ich muss ein neues Heft haben", sagte Michels Mama.

„Aber bald ist ja in Vimmerby Jahrmarkt, und wenn ich schon einmal in der Stadt bin, will ich dran denken und ein Heft kaufen."

Das tat sie auch, und das war ja ein Glück. Denn wo hätte sie sonst all den Unfug aufschreiben sollen, den Michel gerade am Markttag anstellte?

„Möge Gott dem Jungen helfen", schrieb sie, „dann wird er es weit
bringen, wenn er am Leben bleibt, bis er groß ist, auch wenn sein Vater
es nicht glaubt."
Aber da irrte sich Michels Papa und Michels Mama behielt Recht.
Michel brachte es weit in seinem Leben und wurde
Gemeinderatspräsident und der beste Mann in ganz Lönneberga.

Als Michel den Kopf in die Suppenschüssel steckte

Deutsch von
Karl Kurt Peters

Eines Tages gab es auf Katthult Rindfleischsuppe zu Mittag. Lina hatte die Suppe in der mit Blumen bemalten Suppenschüssel aufgetragen und alle saßen um den Küchentisch und aßen ihre Suppe, besonders Michel.

Er mochte Suppe und man hörte es, wenn er sie aß. „Musst du so schlürfen?", fragte seine Mama. „Sonst weiß man doch nicht, dass es Suppe ist", sagte Michel.

Alle durften essen, so viel sie konnten, und dann war die Schüssel leer. Es war nur noch ein ganz, ganz kleiner Schluck auf dem Schüsselboden übrig geblieben. Diesen Schluck wollte Michel haben, und die einzige Möglichkeit, an ihn heranzukommen, war, den Kopf in die Suppenschüssel zu stecken und den Schluck auszuschlürfen. Das tat Michel und sie hörten sehr deutlich, wie er da drinnen schlürfte. Aber dann wollte Michel den Kopf wieder heraus-

ziehen und – kaum zu glauben – es *ging* nicht. Er saß fest. Nun bekam er Angst und sprang vom Tisch auf und da stand er, die Suppenschüssel wie einen Kübel auf dem Kopf. Sie reichte weit herunter, über Augen und Ohren. Michel zerrte an der Schüssel und schrie. Lina wurde auch ängstlich.

„Unsere schöne Suppenschüssel", sagte sie. „Unsere feine, geblümte Suppenschüssel! Wo sollen wir jetzt die Suppe reintun?"
Denn wenn Michel in der Suppenschüssel war, konnte keine Suppe hinein, so viel verstand sie, wenn sie auch sonst nicht besonders viel verstand.

Aber Michels Mama dachte mehr an Michel. „Lieber Himmel, wie sollen wir den Jungen da herausbekommen? Wir müssen den Schürhaken nehmen und die Schüssel zerschlagen."
„Bist du noch bei Trost!", rief Michels Papa. „Die Schüssel hat doch vier Kronen gekostet!"

„Ich werd's mal versuchen", sagte Alfred, der ein starker und tüchtiger Knecht war. Er packte die beiden Henkel und hob die Suppenschüssel mit aller Kraft hoch. Aber was half das?

Michel ging mit hoch, denn er saß fürwahr gründlich fest. Und da hing er nun und zappelte mit den Beinen, um wieder auf den Fußboden zu kommen.
„Lass sein! Lass mich runter! Lass sein, hab ich gesagt!", schrie er. Und da ließ Alfred es sein.

Nun waren alle richtig traurig. Sie standen in der Küche um Michel herum und dachten nach. Papa Anton, Mama Alma, die kleine Ida, Alfred und Lina. Keiner wusste, wie Michel aus der Suppenschüssel herauszubekommen war.

„Guckt mal, Michel weint", sagte die kleine Ida und zeigte auf ein paar dicke Tränen, die unter dem Rand der Suppenschüssel hervorsickerten und langsam an Michels Backen herunterrollten.
„Das tu ich nicht", sagte Michel. „Das ist Fleischsuppe."

Er schien so trotzig zu sein wie immer, aber besonders lustig war es wohl nicht, in einer Suppenschüssel festzusitzen. Und was sollte nur werden, wenn er die Suppenschüssel nie mehr loswurde? Armer Michel, wann konnte er dann wohl seine Müsse aufsetzen? Michels Mama tat ihr kleiner Junge Leid. Wieder wollte sie den Schürhaken nehmen und die Schüssel zerschlagen, aber sein Papa sagte:

„Nie im Leben! Die Schüssel hat vier Kronen gekostet. Da ist es schon besser, wir fahren nach Mariannelund zum Doktor. Er wird sie schon loskriegen. Er nimmt jedenfalls nur drei Kronen und auf diese Weise verdienen wir eine Krone."

Michels Mama fand diesen Einfall gut. Schließlich kann man nicht jeden Tag eine ganze Krone verdienen. Wenn man bedenkt, wie viel Hübsches man dafür kaufen konnte, vielleicht etwas für Klein-Ida, die zu Hause bleiben musste, während Michel eine Ausfahrt machte.

Jetzt hatten sie es eilig auf Katthult. Michel sollte fein gemacht werden, er musste gewaschen werden und man musste ihm seinen besten Anzug anziehen. Kämmen konnte man ihn ja nicht und ihm auch nicht die Ohren waschen, obwohl das

sehr nötig war. Seine Mama versuchte allerdings, einen Zeigefinger unter die Kante der Suppenschüssel zu schieben, um Michels Ohren auszukratzen, aber das endete übel, denn auch sie blieb in der Suppenschüssel stecken.

„Ja, ja, so geht es", sagte die kleine Ida und Papa Anton wurde richtig wütend, obgleich er doch sonst so nett war.

„Will sich vielleicht noch jemand in der Suppenschüssel festklemmen?", schrie er. „Macht das nur, dann kann ich gleich den großen Heuwagen nehmen und ganz Katthult zum Doktor nach Mariannelund karren."

Aber Michels Mama zog kräftig und bekam den Finger wieder heraus.

„Du kannst mit ungewaschenen Ohren fahren, Michel", sagte sie und pustete auf ihren Finger. Da erschien ein zufriedenes Lächeln unterhalb der Suppenschüssel und Michel sagte:

„Das ist der erste richtige Nutzen, den ich von dieser Suppenschüssel habe."

Aber nun war Alfred mit Pferd und Wagen an der großen Treppe vorgefahren und Michel kam heraus, um in den Kutschwagen zu klettern. Er sah sehr fein aus in seinem gestreiften Sonntagsanzug und seinen schwarzen Knopfstiefeln und der Suppenschüssel – na ja, er sah vielleicht etwas ungewöhnlich aus mit der Suppenschüssel auf dem Kopf, aber sie war mit Blumen bemalt und hübsch und glich beinahe einer Art neumodischem Sommerhut. Das Einzige, was auffiel, war, dass dieser Hut ziemlich tief über Michels Augen herunterreichte.

Und nun wollten sie sich auf den Weg nach Mariannelund machen.

„Passt gut auf Klein-Ida auf, während wir fort sind", rief Michels Mama. Sie saß mit Michels Papa auf dem Vordersitz. Auf dem hinteren Sitz saß Michel mit der Suppenschüssel. Und seine Müsse hatte er neben sich auf dem Sitz. Er musste doch auch etwas auf dem Kopf haben, wenn er nach Hause fuhr. Wie gut, dass er daran gedacht hatte!

„Dann koch ich wohl Rindfleischsuppe",
sagte Lina. Aber im selben Augenblick sah
sie etwas Geblümtes hinten an der Weg-
biegung verschwinden und ihr fiel wieder
ein, was geschehen war. Sie wandte sich
sorgenvoll zu Alfred und der kleinen Ida.
„Dann wird's wohl nur Brot und kaltes
Schweinefleisch geben", sagte sie.

„Was soll ich zum Abendbrot kochen?",
schrie Lina, gerade als der Wagen anrollte.
„Mach, was du willst", rief Michels Mama.
„Ich hab jetzt an anderes zu denken."

Michel war schon mehrere Male nach Mariannelund gefahren.

Ihm hatte es gefallen, hoch oben auf dem Kutschwagen zu sitzen und zu sehen, wie sich der Weg schlängelte, und die Höfe anzuschauen, an denen er vorbeifuhr, und die Kinder, die auf den Höfen wohnten, und die Hunde, die hinter den Zäunen bellten, und die Pferde und Kühe, die auf den Wiesen weideten. Aber jetzt war es weniger schön. Jetzt saß er da mit einer Suppenschüssel über den Augen und sah nur ein kleines Stück von seinen eigenen Knopfstiefeln – durch den schmalen Spalt unter der Suppenschüsselkante. Immerfort musste er seinen Papa fragen: „Wo sind wir jetzt? Sind wir schon am Pfannkuchenhof vorbeigefahren? Kommen wir bald zum Schweinehof?"

Aber jetzt saß Michel so traurig und guckte auf seine Knopfstiefel hinunter und sah weder Pfannkuchen noch lustige Schweinchen. Kein Wunder, dass er quengelte:
„Wo sind wir jetzt? Sind wir nicht bald in Mariannelund?"

Michel hatte sich nämlich für alle Höfe, die am Weg lagen, eigene Namen ausgedacht. Pfannkuchenhof hieß ein Hof, weil dort einmal zwei dicke kleine Kinder am Zaun gestanden und Pfannkuchen gegessen hatten, als Michel vorbeigefahren war.

Und der Schweinehof war nach einem kleinen lustigen Schweinchen benannt, dem Michel manchmal den Rücken kraulte.

Das Wartezimmer des Arztes war voller Leute, als Michel mit seiner Suppenschüssel hereinkam. Alle, die dort saßen, bedauerten ihn sofort. Sie begriffen, dass ein Unglück geschehen war.

Nur ein kleiner alter Mann lachte boshaft, als sei es etwas Lustiges, in Suppenschüsseln festzustecken.

„Hohoho", sagte der Alte. „Frierst du an den Ohren, Junge?"

„Nee", sagte Michel.

„So? Wozu brauchst du dann den Ohrenschützer?", fragte der Alte.

„Weil ich sonst an den Ohren friere", sagte Michel. Er konnte wahrhaftig witzig sein, wenn er auch klein war.

Aber dann durfte Michel zum Doktor hinein und der Doktor lachte nicht über ihn. Er sagte nur: „Guten Tag, guten Tag! Was machst du denn da drinnen?" Michel konnte den Doktor zwar nicht sehen, aber begrüßen musste er ihn jedenfalls. Deshalb verbeugte er sich, so tief er konnte – mitsamt der Suppenschüssel natürlich. Da krachte es. Peng!, machte es und da lag die Suppenschüssel und war in zwei Teile zersprungen. Denn so hart hatte Michel den Kopf auf den Schreibtisch des Doktors geschlagen.

„Da sind vier Kronen in Scherben gegangen", sagte Michels Papa leise zu Michels Mama. Doch der Doktor hörte es.
„Ja, aber Sie haben trotzdem eine Krone verdient", sagte er. „Denn ich pflege fünf Kronen zu nehmen, wenn ich kleine Jungen aus Suppenschüsseln heraushole. Und nun hat er die Sache ja selbst erledigt."

Da wurde Michels Papa froh und er war Michel dankbar, der die Schüssel zerschlagen und eine Krone verdient hatte. Schnell nahm er die Schüsselhälften und Michel und Michels Mama und ging.
Aber als sie auf die Straße kamen, sagte Michels Mama: „Wie schön, jetzt haben wir *wieder* eine Krone verdient! Was wollen wir dafür kaufen?"
„Hier wird nichts gekauft", sagte Michels Papa. „Die Krone werden wir sparen. Aber es ist nicht mehr als recht und billig, wenn Michel fünf Öre bekommt, die darf er zu Hause in sein Sparschwein stecken." Und er nahm sofort ein Fünf-Öre-Stück aus seiner Geldbörse und gab es Michel. Rat mal, ob Michel da wohl glücklich war!

Und dann machten sie sich auf den Heimweg nach
Lönneberga.
Michel saß vergnügt auf der hinteren Sitzbank mit dem
Fünf-Öre-Stück in der Faust und seiner Müsse auf dem

Kopf und sah auf alle Kinder und Hunde und Pferde
und Kühe und Schweine herab, an denen sie vorbeifuhren. Wäre Michel nun ein gewöhnlicher Junge
gewesen, so wäre an diesem Tag nichts mehr passiert.

Aber Michel *war* kein gewöhnlicher Junge. Rat mal, was er tat! Vergnügt, wie er so dasaß, steckte er das Fünf-Öre-Stück in den Mund, und gerade als sie am Schweinehof vorbeifuhren, hörte man vom hinteren Sitz ein kleines „Plopp". Das war, als Michel das Fünf-Öre-Stück verschluckte.

„Oh", sagte Michel, „das ging aber fix!"

Nun gab es neuen Jammer für Michels Mama.
„Lieber Himmel, wie sollen wir die fünf Öre aus dem
Jungen herausbekommen? Wir müssen zum Doktor
zurückfahren."
„So, du kannst aber fein rechnen", sagte Michels Papa.
„Sollen wir dem Doktor fünf Kronen bezahlen, um ein
Fünf-Öre-Stück zurückzubekommen? Was hattest du
eigentlich im Rechnen, als du zur Schule gingst?"

Michel aber nahm die Sache ruhig. Er klopfte sich
auf den Bauch und sagte:
„Ich kann mein eigenes Sparschwein sein und meine
fünf Öre genauso gut im Bauch haben wie im
Sparschwein zu Hause. Denn dort bekommt man
auch nichts heraus. Ich hab es mit einem Küchen-
messer versucht, ich weiß das also."
Aber Michels Mama gab nicht nach. Sie wollte
zurück zum Doktor nach Mariannelund.
„Ich habe damals nichts gesagt, als er alle Hosen-
knöpfe verschluckt hat", erinnerte sie Michels Papa.
„Aber ein Fünf-Öre-Stück ist schwerer verdaulich,
das kann böse ausgehen, glaub mir!"

Und sie schaffte es, Michels Papa solche Angst zu machen, dass er das Pferd wendete und nach

Mariannelund zurückfuhr. Denn Michels Papa hatte wahrlich auch Angst um seinen Jungen.

Außer Atem kamen sie zum Arzt hinein.
„Habt ihr etwas vergessen?", fragte der Arzt.
„Nein, Herr Doktor, es ist nur … der Michel hat ein
Fünf-Öre-Stück verschluckt", sagte Michels Papa.

„Also wenn Sie ihn ein wenig operieren würden … für
vier Kronen oder so … Das Fünf-Öre-Stück könnten
Sie ja auch behalten …"

Aber da zupfte Michel seinen Papa an der Jacke und flüsterte: „Versuch das nur nicht! Es ist *mein* Fünf-Öre-Stück."

Der Doktor dachte nicht daran, Michel sein Fünf-Öre-Stück wegzunehmen. Eine Operation wäre nicht nötig, sagte er, das Fünf-Öre-Stück würde auch so in einigen Tagen wieder erscheinen.

„Aber du könntest vielleicht fünf Rosinenbrötchen essen", sagte der Doktor, „dann hat dein Fünf-Öre-Stück etwas Gesellschaft und kann dich nicht im Magen kratzen."

Was für ein wunderbarer Doktor! Und bezahlen ließ er sich diesmal auch nicht. Michels Papa war so zufrieden, dass er nur so strahlte, als sie alle drei wieder auf der Straße standen.

Jetzt wollte Michels Mama aber sofort in die kleine Bäckerei der beiden Fräulein Andersson gehen und fünf Rosinenbrötchen für Michel kaufen. „Kommt nicht in Frage", sagte Michels Papa. „Wir haben doch zu Hause Rosinenbrötchen."

Michel dachte ein bisschen nach. Er war tüchtig darin, das eine oder andere auszurechnen, und hungrig war er auch. Deshalb sagte er:
„Ich hab noch ein Fünf-Öre-Stück bei mir zugute. Wenn ich nur drankäme, könnte ich mir meine Rosinenbrötchen ja selbst kaufen."

Er dachte noch ein wenig nach und sagte dann:
„Papa, kannst du mir nicht für einige Tage fünf Öre leihen? Du kriegst sie zurück – Ehrenwort!"

Da gab Michels Papa nach und sie gingen zu
der Bäckerei der beiden Fräulein Andersson
und kauften für Michel fünf Rosinenbrötchen,
sehr, sehr gute Rosinenbrötchen, rund und
hellbraun und mit Zucker drauf. Michel aß
sie schnell auf.
„Das war die beste Medizin, die ich in
meinem Leben bekommen habe", sagte er.

Jetzt war Michels Papa plötzlich so heiter und aufgeräumt, dass er nicht mehr wusste, was er tat. „Wir haben heute ja trotzdem ziemlich viel Geld verdient", sagte er und kaufte ohne weiteres für fünf Öre Zuckerstangen für die kleine Ida zu Hause.

Du musst bedenken, dass dies zu einer Zeit geschah, als die Kinder sich nicht darum kümmerten, ob sie Zähne hatten oder nicht, dumm und ohne Verstand, wie sie waren. Heutzutage essen die Kinder in Lönneberga keine Süßigkeiten mehr, aber dafür haben sie Zähne!

Danach fuhren die Katthulter zurück nach Katthult.
Michels Papa war kaum zur Tür herein und hatte noch
nicht mal Jacke und Hut abgelegt, da nahm er die
Hälften der Suppenschüssel und kittete sie zusammen.
Das war keine Kunst, denn sie war ja nur in zwei Teile
zersprungen.
Lina war darüber so glücklich, dass sie einen Luft-
sprung machte, und sie rief Alfred zu, der damit
beschäftigt war, das Pferd auszuspannen:
„Jetzt gibt's wieder Rindfleischsuppe auf Katthult!"
Ja, das glaubte Lina! Sie musste Michel vergessen
haben.

An diesem Abend spielte Michel ungewöhnlich viel mit der kleinen Ida. Er baute ihr ein
Spielhaus draußen zwischen den Steinen
auf der Weide. Das gefiel Ida. Und er kniff
sie nur ab und zu ein bisschen, wenn er ein
Stück von ihrer Zuckerstange haben wollte.

Aber dann wurde es dunkel und Michel und Klein-Ida fanden, es sei Zeit hineinzugehen. Sie gingen in die Küche, um zu sehen, ob ihre Mama da war. Sie war nicht da. Keiner war da. Nur die Suppenschüssel. Sie stand auf dem Tisch, zusammengekittet und schön.

Michel und die kleine Ida stellten sich vor den Tisch, um die seltsame Schüssel anzusehen, die den ganzen Tag herumgefahren worden war.
„Denk nur, bis nach Mariannelund", sagte Klein-Ida. Und dann sagte sie: „Wie hast du das nur geschafft, Michel, den Kopf in die Suppenschüssel zu stecken?"

schlug damit auf die Suppenschüssel, dass es in ganz Lönneberga zu hören war. Peng!, machte es und die Suppenschüssel sprang in tausend Stücke. Die Scherben fielen wie Regen über Michel.

„Das war doch keine Kunst", sagte Michel. „Ich hab nur *so* gemacht."
Gerade da kam Michels Mama in die Küche. Und das Erste, was sie sah, war Michel, der dastand mit der Suppenschüssel über dem Kopf. Michel zerrte an der Schüssel, die kleine Ida schrie. Michel schrie auch. Denn nun saß er ebenso gründlich fest wie vorher. Da nahm seine Mama den Schürhaken und

Michels Papa war draußen im Schafstall; aber er hatte den Lärm gehört und nun kam er angerannt.
Er blieb auf der Küchenschwelle stehen. Still stand er da und sah Michel und die Scherben und den Schürhaken, den Michels Mama in der Hand hielt.
Kein Wort sagte Michels Papa. Er drehte sich um und ging zurück in den Schafstall.

Zwei Tage später bekam er fünf Öre von Michel, das war wenigstens ein kleiner Trost.